13,95

MW00951768

¡vámonos!

En carro

por Susan Ashley

Reading consultant: Susan Nations, M.Ed., author/literacy coach/consultant

WEEKLY WR READER®
EARLY LEARNING LIBRARY

Please visit our web site at: www.earlyliteracy.cc
For a free color catalog describing Weekly Reader® Early Learning Library's
list of high-quality books, call 1-877-445-5824 (USA) or 1-800-387-3178 (Canada).
Weekly Reader® Early Learning Library's fax: (414) 336-0164.

Library of Congress Cataloging-in-Publication Data available upon request from publisher.
Fax (414) 336-0157 for the attention of the Publishing Records Department.

ISBN 0-8368-3735-5 (lib. bdg.)
ISBN 0-8368-3840-8 (softcover)

This edition first published in 2004 by
Weekly Reader® Early Learning Library
330 West Olive Street, Suite 100
Milwaukee, WI 53212 USA

Copyright © 2004 by Weekly Reader® Early Learning Library

Art direction: Tammy Gruenewald
Photo research: Diane Laska-Swanke
Editorial assistant: Erin Widenski
Cover and layout design: Katherine A. Goedheer
Translation: Colleen Coffey and Consuelo Carrillo

Photo credits: Cover, title, p. 20 © Gibson Stock Photography; pp. 4, 5, 6, 8, 9, 11, 12, 14, 16, 17, 19, 21 www.ronkimballstock.com; p. 7 Neg. #833.198, From the Collections of Henry Ford Museum & Greenfield Village; p. 10 Katherine A. Goedheer/© Weekly Reader® Early Learning Library, 2004; p. 13 © Diane Laska-Swanke; pp. 15, 18 © Gregg Andersen

Printed in the United States of America

1 2 3 4 5 6 7 8 9 07 06 05 04 03

Sumario

Los primeros carros se llamaban "carruajes sin caballos". ¿Sabes por qué?

Carros del pasado

¿Puedes imaginar una época en que no existían los carros? Antes de inventar el carro, la gente usaba los carruajes con tracción animal para transportarse. De hecho, los primeros coches se llamaron "carruajes sin caballos".

Los primeros carros no tenían ni capota ni ventanas. La mayoría de los caminos eran de tierra. Los conductores llevaban abrigos largos y sombreros para mantenerse abrigados y protegidos. Llevaban gafas para proteger los ojos del polvo del camino.

Con frecuencia la gente se ensuciaba cuando viajaba en carros destapados como éste.

El "Modelo T" fue uno de los carros más populares que se han fabricado.

Los carros eran muy costosos para la mayoría de la gente. En el año 1908, Henry Ford fabricó un carro que todos pudieron comprar—el "Modelo T". Utilizando piezas uniformes y la línea de ensamblaje en serie, las fábricas de Ford lograron fabricar los carros "Modelo T" rápidamente y a más bajo costo.

La línea de ensamblaje de la Ford utilizaba equipos de trabajadores para fabricar cada carro. A medida que un carro pasaba por la línea de ensamblaje, equipos diferentes iban añadiendo nuevas piezas hasta que el carro quedaba terminado. Todavía hoy en día, estas líneas de ensamblaje se usan para fabricar carros.

Estos dos hombres están trabajando en una línea de ensamblaje de la Ford en 1913.

Este Cadillac La Salle del año 1937 fue famoso por la carrocería larga y lisa y la rejilla alta y delgada.

Los carros Model T eran bajos y de líneas definidas y rectas. En los años 30, los carros eran más largos, de líneas suaves y redondas. Los diseños de los carros se seguían cambiando. En los años 50, los carros se conocían más por la rejilla extravagante en la parte de adelante y las aletas tipo tiburón en la parte de atrás.

En los 50 se hizo popular un tipo de restaurante que llevaba la comida servida al carro. En los teatros al aire libre el público veía las películas desde el carro. Hoy en día, hay más bancos y restaurantes que ofrecen sus servicios a través de una ventanilla. Se ofrece también el servicio de lavado automático de carros.

Este Ford del año 1932 y el Chevy amarillo del año 1957 ostentan sus colores brillantes en frente de un restaurante.

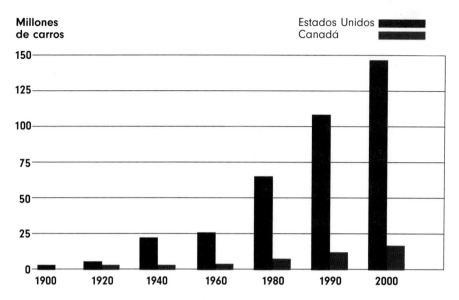

Este gráfico muestra cuántas personas eran propietarios de carros en los Estados Unidos y Canadá entre los años 1900 y 2000.

Los carros de hoy

Hoy hay millones de carros en las carreteras. Son de diferentes modelos y tamaños. Uno de los modelos más comunes es el sedán. El sedán tiene cuatro puertas y asientos adelante y atrás.

Los carros deportivos son pequeños y casi siempre tienen espacio sólo para dos personas. Son rápidos y bajos. Muchos carros deportivos son convertibles. Los convertibles son carros con capotas que se pliegan para manejar cuando hace buen tiempo.

Este convertible deportivo tiene la capota plegada.

**Los carros familiares son largos
y con mucho espacio.**

Los carros familiares y las furgonetas son favoritos de muchas familias. Son carros grandes que pueden llevar a más personas que un sedán. Tienen bastante espacio para comestibles y equipaje.

Los carros todoterreno son grandes y se manejan fácilmente en las calles de la ciudad y las carreteras sin pavimentar. Son más altos y tienen tracción en las cuatro ruedas. Por esta razón pueden pasar por el barro y la nieve sin atascarse.

Los carros todoterreno son fáciles de manejar en la nieve.

Este carro "PT Cruiser" se parece a los carros antiguos.

Hoy algunos carros nuevos se parecen a los carros del pasado. Modelos como el "PT Cruiser" y el "Beetle" reciente se basan en diseños que fueron populares hace muchos años.

La seguridad en los carros es muy importante hoy en día. Los cinturones de seguridad y las bolsas inflables pueden evitar lesiones en caso de un accidente. Los diseños de los nuevos carros se ponen a prueba de diferentes maneras para hacerlos muy seguros.

Los cinturones y las sillas de seguridad para los niños son dispositivos muy importantes para cualquier carro.

Los carros de prueba son alargados y estrechos.
¡Éste va que ruge por la pista!

Carros especiales

Algunos carros se diseñan para fines especiales.
Los carros de carrera se construyen para que vayan
muy rápido. Existen muchos modelos de carros de
carrera. Los carros de Indy tienen ruedas anchas
para agarrarse a la pista a una velocidad alta.
Los carros de prueba corren por una pista larga
y recta que se conoce como pista de prueba.

Un carro de la policía no es como los otros carros. Tiene luces relampagueantes encima de la capota. La palabra "POLICÍA" está pintada en la parte exterior del carro. Dentro del carro tienen computadoras y radios para comunicarse y así poder hacer mejor el trabajo. Un carro de la policía tiene algo que no tiene la gran mayoría de los otros: ¡una sirena!

Las luces de la capota de este carro de la policía se prenden y se apagan intermitentemente.

Con frecuencia los taxis se pintan de colores brillantes para que la gente los vea fácilmente.

Un taxi es un carro de alquiler que se usa para viajes cortos. Los taxis se ven con más frecuencia en las ciudades grandes y los aeropuertos. Los pasajeros pagan una tarifa al taxista. La tarifa por el servicio se basa en la distancia del recorrido y en el tiempo que se tarda en llegar.

Una limosina es un carro grande y cómodo
que se alquila para ocasiones especiales.
Las limosinas alargadas son los carros más
largos de todos. ¡Parecen carros que se han
e-s-t-i-r-a-d-o a su limite!

El carro "Lincoln Town Car" es una limosina alargada bastante conocida. En un carro tan largo cabe mucha gente.

Los carros que utilizan gasolina como combustible contaminan el aire.

Los carros del futuro

Muchos carros de hoy usan gasolina como combustible. La gasolina es cara y contamina el aire. Los carros del futuro podrán usar electricidad para funcionar. Los carros eléctricos son menos ruidosos y causan menos contaminación.

Los carros eléctricos se diseñan para ahorrar energía de diferentes maneras. Algunos usan baterías. Otros usan energía solar.

Los diseños de carros cambian constantemente. ¿Te gustaría diseñar un carro algún día?

Este carro "General Motors EV1" funciona con electricidad.

Glosario

anteojos — gafas que se ponen para proteger los ojos de polvo, viento y objetos volantes

bolsa inflable — bolsa que se infla automáticamente cuando hay un accidente de carro para proteger a los pasajeros

carruaje — vehículo tirado por un caballo que se usa para llevar a la gente de un lugar a otro

ocasión — evento especial o importante

tarifa — dinero que una persona paga por el transporte

vehículo — medio de transporte que lleva personas o mercancías de un lugar a otro

Para más información

Libros

Flammang, James M. *Cars*. Berkeley Heights: Enslow
  Publishers, 2001.

Raby, Philip. *Racing Cars*. Minneapolis: Lerner
  Publications Company, 1999.

Sutton, Richard. *Car*. New York: DK Publishing, 2000.

Wright, David. *Classic Cars* (series). Milwaukee: Gareth
  Stevens, Inc., 2002.

Páginas Web

Autos

channels.netscape.com/ns/autos/photo.jsp
Galería de fotos de carros nuevos y carros del futuro de
la Exhibición de Carros de Detroit 2003

Built for Speed

www.pbs.org/wgbh/amex/kids/tech1900/car.html
La historia de los automóbiles antiguos

Model T Road Trip

www.hfmgv.org/education/smartfun/welcome.html
Acompaña a una familia ficticia en un viaje a través
de América

Índice